Inhaltsverzeichnis

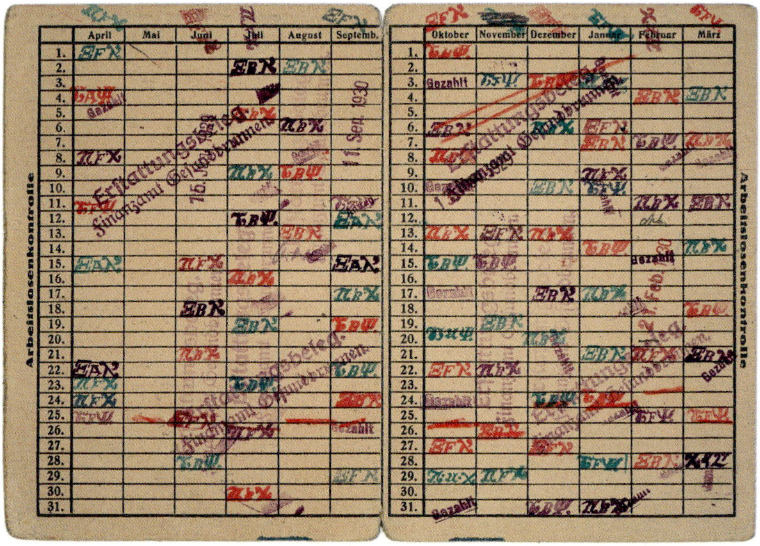

bpk 00022674

Kontrollkarte für Arbeitslose (Arbeitsnachweis) für die Jahre 1929/30.

Einführung

Die Jahre 1929 bis 1932 waren gekennzeichnet von einem sprunghaften Anstieg der Arbeitslosen auf ein hohes Niveau, einhergehend mit einem von der Reichsregierung verfolgten strengen Sparkurs, der die Verelendung breiter Bevölkerungskreise zusätzlich steigerte. Ausgangspunkt war die Weltwirtschaftskrise. Als das auf der Titelseite abgedruckte Foto aufgenommen wurde, gab es im Arbeitsamtsbezirk Hannover ca. 65.000 Arbeitslose; das entsprach einer Quote von nahezu 40 Prozent. Aber nur jeder zehnte von diesen erhielt Leistungen aus der 1927 eingeführten Arbeitslosenversicherung. Die restlichen 90 Prozent wurden vor allem aus dem kommunalen Haushalt unterstützt. Viele (aber bei weitem nicht die Mehrheit) der Arbeitslosen wählten in der großen Depression die NSDAP von Adolf Hitler, dessen mit einem Hakenkreuz versehener Name an der Wand eines Schuppens auszumachen ist.

Das Foto ist auf die Zeit um die Reichspräsidentenwahl 1932 zu datieren, zu der Hitler kandidierte. Nachdem im ersten Wahlgang am 13. März keiner der fünf Kandidaten die absolute Mehrheit erzielt hatte – Reichspräsident Paul von Hindenburg verfehlte diese mit 49,5 Prozent denkbar knapp –, folgte der zweite Wahlgang vier Wochen später am 10. April. Dabei siegte der im April 1925 erstmals an die Staatsspitze gewählte kaiserliche Generalfeldmarschall, im 85. Lebensjahr stehend, mit 53,1 Prozent gegenüber seinem nationalsozialistischen Herausforderer mit 36,8 Prozent. Die restlichen 10,2 Prozent gingen an den KPD-Vorsitzenden Ernst Thälmann. Das Bild entstand vermutlich nach den Wahlgängen, verblasst doch die Parole „Wählt Hitler“, die wohl vom Regen verwischt wurde. Die auf dem Bild zu sehenden Pfützen lassen darauf schließen, dass es kurz zuvor geregnet hat. Das verstärkt die Tristesse des Moments.

Walter Ballhause Archiv (Plauen), www.ballhause-archiv.de; Foto: Walter Ballhause

Arbeitslos.

Dem 21-jährigen Fotografen Walter Ballhause gelang an diesem trüben Tag ein Schnappschuss, der über die Zeit zur bildlichen Ikone werden sollte. Der aus Hameln stammende Ballhause, zunächst Mitglied der SPD, dann 1931 der von ihm mit ins Leben gerufenen Sozialistischen Arbeiterpartei Deutschlands (SAPD), war der Dokumentarist der Wirtschaftskrise und der Arbeitslosen sowie des sich krakenhaft ausbreitenden Nationalsozialismus in der Endphase der Weimarer Republik. Er gab in seinen Momentaufnahmen denen, die unter der Krise am stärksten leiden mussten, ein Gesicht. Es sind Aufnahmen der Ausgeschlossenen, der Ausweglosen und der Ausgegrenzten.

Während der nationalsozialistischen Diktatur verfolgt und zeitweise inhaftiert, lebte er nach der Befreiung in Plauen (DDR), wo er eine Gießerei aufbaute und leitete. Daneben

Bundesarchiv, Bild 146-1971-001-04; Foto: Heinrich Hoffmann

Arbeitslose holen sich den für den Bezug der Arbeitslosenunterstützung notwendigen Stempel ab, um 1932.

widmete er sich weiter der Fotografie von Arbeit und Arbeitern. Der Meister der Arbeiterfotografie verstarb 1991. Zwanzig Jahre zuvor war sein Werk auch im Westen Deutschlands in den Fokus des Interesses gerückt, als seine Bilder im Rahmen einer Ausstellung zur Wirtschaftskrise und Arbeitslosigkeit in Hannover präsentiert wurden. 1981 erschienen in Leipzig die prägnantesten Aufnahmen in dem Band „Überflüssige Menschen" mit Gedichten von Johannes R. Becher. Bald nach der Leipziger Publikation verlegte man in München eine veränderte Lizenzausgabe.

Ballhause wurde nicht nur in der DDR mit einem Dokumentarfilm geehrt, sondern auch in einer Fülle von Ausstellungen, darunter in den USA. Dort hatte mit dem Schwarzen Freitag im Oktober 1929 eine globale Krise ihren Ausgang genommen, die wirtschaftlich und schließlich auch politisch gerade in Deutschland verheerende Folgen nach sich ziehen sollte, zu denen die Massenarbeitslosigkeit gehörte. Das Heer der Arbeitslosen wuchs schnell, und weil ihre Unterstützung nicht mehr gewährleistet werden konnte, geriet der Sozialstaat von Weimar in die Existenzkrise. Der „bisher tiefste Strukturbruch in der Geschichte des westlichen Industriekapitalismus“ (Hans-Ulrich Wehler), der weltweit die liberalen Demokratien schwächte, schuf in Deutschland eine Situation, die Adolf Hitler zur Macht verhalf.

Verein
Erwerbslosenselbsthilfe Groß-Hamburg e.V.
Stadtteil Eimsbüttel

Mitgliedskarte 1

Karl Büscher

Hellkamp 44

Verein „Erwerbslosen-Selbsthilfe“ e.V.
Hamburg, Stadtteil Eimsbüttel
Vorsitzender
Geschäftsstelle: E. Reimer, Hbg. 19, Henriettenstr. 71

Kassenwart

Mitgliedsbeitrag .50 Pfennig.
Fördererkarte.

bpk 30041235

Mitgliedskarte der „Erwerbslosen-Selbsthilfe“ Groß-Hamburg e.V.

Arbeitslosigkeit und Arbeitslosenunterstützung im Weimarer Sozialstaat

Die 1918/19 nach der Niederlage im Ersten Weltkrieg begründete Weimarer Republik war gekennzeichnet durch eine starke sozialstaatliche Ausrichtung. Dazu gehörte die umgehend nach Kriegsende eingeführte Erwerbslosenunterstützung, die den Bedürftigen aus Steuern finanzierte Mittel gewährte. Erstmals in der deutschen Geschichte wurde damit die staatliche Unterstützungspflicht für Arbeitslosigkeit verankert. Von nun an trug der Staat und damit die Allgemeinheit Verantwortung für den Erwerbslosen. 22 Änderungen und fünf Neufassungen der Fürsorge erfolgten bis zur Verabschiedung der an ihre Stelle tretenden Arbeitslosenversicherung 1927.

Die Zahl der Arbeitslosen lag auf dem Höhepunkt der Demobilisierung im Frühjahr 1919 bei etwa 1,5 Millionen, eine moderate Zahl angesichts von mehr als sechs Millionen aktiven Soldaten, die nach Kriegsende wieder auf den Arbeitsmarkt drängten. Ihre Wiedereingliederung in eine sich mit dem Stillstand der militärischen Produktion abrupt wandelnde Wirtschaft gelang in erstaunlich kurzer Zeit. Am 1. Juni 1920 gab es noch 270.000 Bezieher von Erwerbslosenunterstützung. Bis 1922 verzeichnete Deutschland in etwa Vollbeschäftigung. Mit zunehmender Inflation stieg die Arbeitslosigkeit. Nach einer Phase der Hyperinflation mit mehreren Tausend Prozent Geldentwertung wurde im Oktober 1923 die Rentenmark eingeführt. Das „Wunder der Rentenmark“ setzte neue ökonomische Kräfte frei. Der mit der Währungsreform unausweichlichen Anpassungskrise folgte ein allmählicher wirtschaftlicher Aufstieg, der kurzzeitig von einer Rezession 1925/26 unterbrochen wurde. Trotz verbesserter Wirtschaftslage nach dieser

Bundesarchiv, Bild 146-1996-039-20A

Schlange von Arbeitslosen vor dem Arbeitsamt Südost-Süd Berlin, um 1932.

Delle verharrte die Arbeitslosenquote bei knapp unter 10 Prozent auf einem vergleichsweise hohen Niveau.

Zum 1. Oktober 1927 trat als vierte Säule der Sozialversicherung eine von Arbeitgebern und Arbeitnehmern zu gleichen Teilen finanzierte Arbeitslosenversicherung in Kraft, die an die Stelle der 1918 geschaffenen Erwerbslosenfürsorge trat. Der Höchstsatz des Beitrages betrug drei Prozent des Lohnes. Arbeiter und Angestellte besaßen jetzt einen Rechtsanspruch auf Unterstützung. Die neue selbstverwaltete Versicherung wurde mit den staatlichen Arbeitsnachweisen gekoppelt, denn beides, Unterstützung und Arbeitsvermittlung, hing eng zusammen. Die in der Regel auf maximal ein halbes Jahr („26 Wochen“) bemessene Unterstützung war sozial gestaffelt: Die Geringverdiener (angesetzt mit acht Mark Einheitslohn pro Woche) erhielten 75 Prozent ihres letzten Arbeitsentgelts; die

Arbeitslosen aus den vier höheren Einkommensklassen (ab 48 Mark aufwärts) mussten sich mit 35 Prozent begnügen. Hinzu kam ein Familienzuschlag von fünf Prozent.

Anspruch auf die neue Arbeitslosenunterstützung hatten diejenigen, die in den letzten 12 Monaten 26 Wochen gearbeitet hatten. Die zuvor eingerichtete Krisenfürsorge blieb erhalten. Nach 26 Wochen Arbeitslosenunterstützung gelangte auch der Arbeitslose in eben diese geringere Krisenunterstützung. Waren auch dort die Zeiten der Finanzhilfe ausgeschöpft, erhielt er kommunale Wohlfahrtsunterstützung, und zwar nach einer als diskriminierend empfundenen Bedürftigkeitsprüfung.

Eingeführt unter guten konjunkturellen Rahmenbedingungen mit einem geringen Arbeitslosenstand von ca. 600.000, war die Leistungsfähigkeit der Arbeitslosenversicherung auf 800.000 Arbeitslose berechnet, zu denen in besonderen Notlagen aus einem Sonderfonds („Notstock“) noch weitere 600.000 für drei Monate finanziert werden konnten. Das Problem lag in der Prognose, die auf „normalen“ Verhältnissen basierte: Die Versicherung war auf relativ schwache Konjunktureinbrüche berechnet. Das Reich bürgte mit Krediten für den Fall der Zahlungsunfähigkeit der Versicherung, wenn also die Einnahmen aus Beiträgen nicht mehr zur Deckung der Ausgaben ausreichten. Möglicherweise hätte sich bei einer einigermaßen kontinuierlichen wirtschaftlichen Entwicklung das System ökonomisch konsolidiert und somit auch die Republik politisch gefestigt. Doch es folgte ein Einbruch unvorhersehbaren Ausmaßes. Die Weltwirtschaftskrise sprengte die Grundlagen der Arbeitslosenversicherung.

bpk 30041204

Massenspeisung von Arbeitslosen in Berlin, 1930.

Die Weltwirtschaftskrise

Das Deutsche Reich war von ausländischen Geldgebern abhängig. Vor allem nach Abschluss des Dawes-Plan zwischen Deutschland und den Siegermächten (USA, Großbritannien, Frankreich) 1924, mit dem die Reparationen geregelt wurden, flossen US-amerikanische Anleihen nach Deutschland. Der damit einsetzende, 1925/26 kurzzeitig unterbrochene Aufwärtstrend der deutschen Wirtschaft kam nach dem längsten und härtesten Winter seit langem bereits im Februar 1929,

ullstein bild 00285111

Das „Epizentrum" der Weltwirtschaftskrise: die Börse in der New Yorker Wall Street.

ein halbes Jahr vor dem Ausbruch der Weltwirtschaftskrise, zum Stillstand.

In dieser labilen wirtschaftlichen Situation geriet die Republik in die Weltwirtschaftskrise, die zunächst wie eine ganz normale konjunkturelle Rezession daherkam. Zwar lag deren „Epizentrum in den USA“ (Werner Plumpe), doch auch Deutschland wurde in voller Wucht heimgesucht – im Gegensatz zu den weniger betroffenen Ländern wie Frankreich und die Niederlande. In Großbritannien wurde die Krise wiederum nicht so dramatisch empfunden, weil das Land zuvor nur einen begrenzten Aufschwung erlebt hatte. Die „Fallhöhe“ in die Depression, der Rückgang der Wirtschaftsleistung, war somit auf der britischen Insel nicht so hoch wie andernorts. Auch Schweden litt trotz einer Arbeitslosenquote von zeitweise ca. 20 Prozent nicht so sehr wie Deutschland. Die deutschen Nachbarländer Frankreich und die Schweiz waren erst später von diesem ersten historischen Ereignis von globaler Bedeutung betroffen – und bei weitem nicht so stark wie Deutschland.

Am Anfang der im Deutschen Reich bis 1932, in anderen Ländern mitunter später und weitaus länger anhaltenden Wirtschaftskrise stand der Krach an der New Yorker Börse am Donnerstag, dem 24. Oktober 1929, der in den USA als „Black Thursday“, in Europa, wo es bereits Freitag war, als „Schwarzer Freitag“ in die Geschichte einging. Der Crash wurde ausgelöst durch panikartige Aktienverkäufe von Anlegern, die zuvor in einem Spekulationswahn ihre Papiere über Kredite finanziert hatten. Sie wollten nun die Aktien wegen dramatisch fallender Kurse, die Folge eines Einbruchs der amerikanischen Konjunktur waren, rasch wieder zu Geld machen. Besonders das von der Weltwirtschaft abhängige Deutschland, dessen Wirtschaft sich seit Anfang 1929 unter Druck befand, wurde in den Strudel mitgerissen. Die den deutschen Wiederaufbau nach dem Krieg finanzierenden ausländischen, überwiegend amerikanischen Kredite wurden schlagartig zurückgezogen. Auch das Reich hatte sich direkt im Ausland, vor allem bei

US-Großbanken, hoch verschuldet, so dass der Staatshaushalt ins Wanken geriet.

Die Börsenkrise weitete sich zur umfassenden Wirtschaftskrise aus: Die Zahl der Arbeitslosen stieg rasant an: von 1,3 Millionen im September 1929 auf fast drei Millionen zu Beginn des Jahres 1930. Die erste gravierende politische Folge war das Ende der seit Juni 1928 amtierenden Reichsregierung. Die Große Koalition brach vordergründig aufgrund der Meinungsverschiedenheiten um die Finanzierbarkeit der Arbeitslosenversicherung auseinander.

Bundesarchiv, Bild 102-11008, Georg Pahl

Arbeitslose Hamburger Hafenarbeiter im Januar 1931.

Bundesarchiv, Plakat 002-020-052

Wahlplakat der SPD, 1930.

Direkte politische Folgen: die Sprengung der Großen Koalition

Die in der Phase günstiger Konjunkturdaten und niedriger Arbeitslosenziffern beschlossene Arbeitslosenversicherung geriet umgehend nach dem Crash in massive Schwierigkeiten, denn sie war nur in der Lage, maximal 1,4 Millionen Arbeitslose zu unterstützen. Die zuständige Reichsanstalt für Arbeitsvermittlung und Arbeitslosenversicherung konnte die garantierten Leistungen nicht mehr aus den Beiträgen aufbringen, so dass der Staat entsprechend der gesetzlichen Verpflichtung

Bundesarchiv, Bild 102–11412, Georg Pahl

Die Große Koalition als letzte parlamentarisch gestützte Regierung, Sommer 1928. Reichskanzler Müller sitzend, 2. v. l.

einspringen musste. Die hohen Schulden der Reichsanstalt beim Reich (Dezember 1929: 342 Millionen Reichsmark) und das Anwachsen der Arbeitslosenzahl im ersten Vierteljahr 1930 auf 3,4 Millionen machten eine Reform unausweichlich. So wurde die Frage der Finanzierbarkeit der Versicherung in der Wirtschaftskrise mit steigender Zahl der Bezugsberechtigten zum Sprengsatz der Regierung mit dem sozialdemokratischen Parteivorsitzenden Hermann Müller als Reichskanzler.

Seine Große Koalition aus SPD, katholischer Zentrumspartei, der linksliberalen Deutschen Demokratischen Partei (DDP) und der rechtsliberalen Deutschen Volkspartei (DVP) sowie der Bayerischen Volkspartei (BVP) sollte das letzte sich auf eine Mehrheit im Parlament stützende Kabinett der Republik sein. Doch es war keine zur gemeinsamen Gestaltung von Politik entschlossene Regierung. Der Keim des Scheiterns lag ihr von Beginn an inne. Sie zerbrach jedoch nicht an der Frage der notwendigen Neujustierung der Finanzierung der Arbeitslosenversicherung. Dieser Streitpunkt war allenfalls die Sollbruchstelle der auseinanderdriftenden Koalition und nicht die eigentliche Ursache für den Bruch. Das Ende entsprang politischen Motiven von Interessengruppen, die die Wirtschaftskrise zum Hinausdrängen der SPD aus der Regierung nutzen wollten, wobei aus Kreisen der Unternehmer auch der Sozialstaat zur Disposition gestellt wurde.

Im Rahmen der unausweichlichen Sanierung der Finanzen sollte die Debatte um die aufgrund der explosionsartig ansteigenden Arbeitslosenzahlen nicht mehr finanzierbare Arbeitslosenversicherung zum Spaltpilz werden. Es gab zwei Wege aus dem Engpass: eine Erhöhung der bereits im Dezember 1929 (mit ursprünglicher Befristung auf ein halbes Jahr) auf 3,5 Prozent angehobenen Beiträge, gedacht war an eine Aufstockung auf nun vier Prozent, für die sich die SPD stark machte, oder eine Leistungskürzung, die die DVP favorisierte, deren rechter Flügel nichts sehnlicher als ein Ende der Koalition wünschte. Ohne den im Oktober 1929 verstorbenen Gustav Stresemann, den langjährigen Außenminister und Garanten für das breite

Regierungsbündnis, steuerte die DVP einen Konfrontationskurs, den ihrerseits nun auch die SPD fuhr, die Leistungsminderungen kategorisch ablehnte. Es ging letztlich also um eine minimale Erhöhung des Beitrages um ein halbes Prozent.

Schließlich lehnte unter dem Druck des Gewerkschaftsflügels die SPD-Fraktion einen im letzten Moment eingebrachten Kompromissvorschlag ab, die Sache der Beitragserhöhung zu vertagen. Damit stand die SPD in der Öffentlichkeit als Schuldige für das Scheitern der Regierung da.

Die Annahme des Brüning-Kompromisses hätte wohl nur kurz die Scheidung hinausgezögert. In der Tat spielten die Sozialdemokraten mit ihrem Nein jenen einflussreichen Kreisen in die Hände, die sie aus der Regierung hinausdrängen wollten. Eine der treibenden Kräfte dieser Pläne war Reichspräsident Hindenburg, der eine Regierung ohne SPD mit dem Zentrumsmann Heinrich Brüning an der Spitze bevorzugte. Die fehlende Reichstagsmehrheit sollte durch das Vertrauen und letztlich auch die Machtinstrumente des Reichspräsidenten kompensiert werden.

Der 27. März 1930, der Rücktritt der Regierung Müller, bedeutete „eine der tiefsten Zäsuren in der Geschichte der Weimarer Republik“ (Heinrich August Winkler). Das Aus der Großen Koalition markierte politisch das Ende der mittleren Jahre der Republik (zumeist als „Goldene Zwanziger Jahre“ verklärt), jene Phase der relativen Stabilität, die wirtschaftlich schon 1929 zu Ende war. Nun rückte der Präsident immer mehr ins Zentrum des Regierungshandelns. Brünings bürgerliche Minderheitsregierung verfügte über keine Parlamentsmehrheit und setzte ihre Politik stattdessen mit dem Mittel der präsidialen Notverordnung durch.

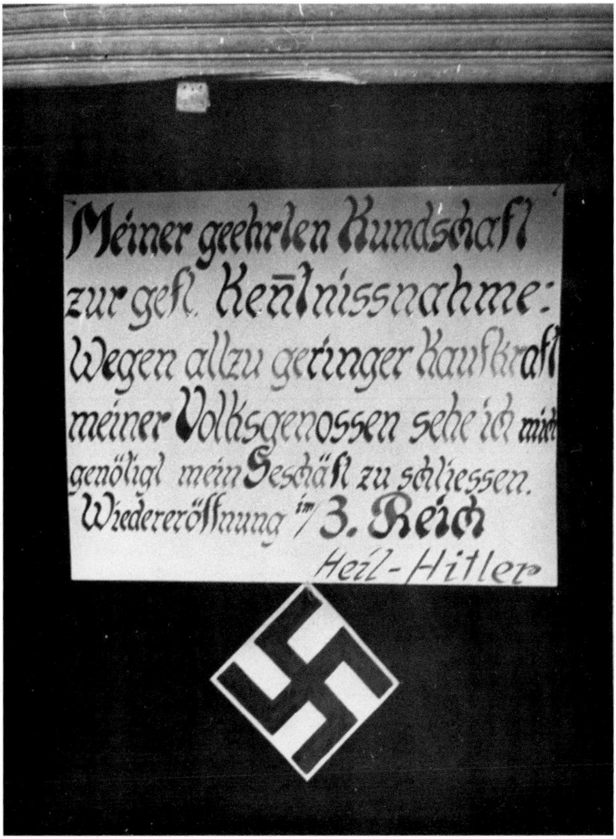

Bundesarchiv, B 145 Bild P046289

Ladenschließung eines NSDAP-Anhängers 1932, der sein Geschäft „im 3. Reich" wieder eröffnen will.

Verschärfung der Krise durch die Politik der Krisenbekämpfung

Die heftigen Kürzungen des Kabinetts Brüning in den Sozialausgaben, zu deren Durchsetzung der Reichskanzler auch vor einer Verbiegung der Verfassung nicht zurückschreckte, bewirkten eine Zuspitzung der Notlage breiter Bevölkerungsschichten. Die neue bürgerliche Regierung, deren Parteien zuvor starrköpfig der SPD jegliche Anhebung der Beiträge zur Arbeitslosenversicherung verweigert hatten, hob diese per Notverordnung im Juli von 3,5 Prozent auf 4,5 Prozent und dann ab Oktober auf den dauerhaften Höchstsatz von 6,5 Prozent an. Auf der anderen Seite erfolgten Leistungskürzungen und eine Begrenzung der Berechtigten. Viele Menschen wurden nun ausgeschlossen.

Bereits die erste Notverordnung des Kabinetts nach vier Monaten Amtszeit schränkte die Berechtigung und Dauer des Bezugs von Zahlungen aus der Arbeitslosenversicherung ein. Im November 1930 wurden dann auch in der Krisenfürsorge Kürzungen verfügt. Mit einer weiteren Notverordnung Anfang Juni 1931 wurden die Unterstützungen allgemein, die Bezugsdauer für einige Berufsgruppen gekürzt und für Ehefrauen die Bedürftigkeitsprüfung als Grundlage der Bewilligung eingeführt. Zugleich wurde die Verpflichtung des Reiches zur Gewährung von Darlehen und Zuschüssen aufgehoben und damit die Arbeitslosenversicherung vom Reichshaushalt abgekoppelt. Diese auch in anderen sozialpolitischen Bereichen vorgenommenen drastischen Kürzungen, die Erhöhung von Steuern und Abgaben, besonders der höheren Einkommen, sowie die Notopfer von jenen, die nicht um den Arbeitsplatz fürchten mussten, und Eingriffe in das Tarifrecht waren Bestandteile

Bundesarchiv, Bild 183-2007-0307-509, Alfred Eisenstaedt

Deutsche Bank- und Disconto-Gesellschaft; Blick in die Zentrale in Berlin (1930).

der von Brüning verfochtenen strikten Politik, die Ausgaben zu begrenzen, um den mehrfach drohenden Staatsbankrott abzuwenden.

Diese Krise verschärfte sich, als im Juli 1931 einer der größten Textilkonzerne, die „Nordwolle", in Konkurs ging und mit ihm die Kreditgeberin, die „Darmstädter und Nationalbank" (Danat), hohe Verluste schrieb. Der Zusammenbruch der „Österreichischen Creditanstalt", der mit Abstand größten Bank des Nachbarlandes, im Mai 1931 hatte diese zweite Phase der Wirtschaftskrise mit einem verstärkten Abzug des Auslandskapitals aus Deutschland eingeläutet. Der Ansturm verunsicherter Sparer, die ihr angelegtes Geld abzogen, hielt an. Die Danat, zweitgrößte Bank in Deutschland, musste die Zahlungen am 13. Juli einstellen. Um der Panik Einhalt zu gebieten und die Zahlungsunfähigkeit weiterer Banken, die nur

Bundesarchiv, Bild 102-12023, Georg Pahl

Massenandrang von Sparern vor der städtischen Sparkasse in Berlin am 31. Juli 1931.

über eine dünne Eigenkapitaldecke verfügten, zu verhindern, griff der Staat massiv ein, schloss kurzfristig die Geldinstitute („Bankfeiertage“) und setzte den Börsenhandel für einige Tage außer Kraft. Der Staat stützte trotz eines defizitären Reichshaushaltes die Finanzinstitute mit fast einer Milliarde Reichsmark. Das Reich ordnete eine Zwangsbewirtschaftung der Devisen an, um einen weiteren Abzug von Gold und Devisen zu unterbinden. In der weltweiten Verschärfung der Krise brach das zentraleuropäische Finanzsystem zusammen, so dass einige Länder, unter anderem Großbritannien, sich vom Goldstandard lösten, die eigene Währung drastisch abwerteten und Schutzzäune für die eigene Wirtschaft errichteten. Das Weltwirtschaftssystem kollabierte.

Die Bankenkrise ließ in Deutschland die Zahl der Pleiten und damit die der Arbeitslosen flutartig ansteigen. Lag diese

Bundesarchiv, Bild 183-B0527-0001-800

„Ich bin gelernte Stenotypistin, stellungslos, suche Beschäftigung ganz gleich welcher Art“.

im Juni 1931 bei knapp vier Millionen, so überschritt sie die Grenze von sechs Millionen im Januar 1932. Hinzu kamen Kurzarbeiter und eine versteckte, nicht von den offiziellen Statistiken erfasste Arbeitslosigkeit. Es dürften insgesamt wohl acht Millionen Arbeitslose gewesen sein, womit etwa über deren Angehörige die Hälfte der Bevölkerung direkt oder indirekt von Arbeitslosigkeit betroffen war. In den drei Jahren der

Krise ging der deutsche Warenexport im dramatisch schrumpfenden Welthandel auf 40 Prozent zurück (nach Volumen in Reichsmark). Zwischen 1929 und 1932 sackte die Industrieproduktion im Reich um etwa 40 Prozent ab. Die Folgen waren sinkende Realeinkommen (bis zu einem Drittel), Massenarbeitslosigkeit und Massenelend. Bruttosozialprodukt und Privatkonsum gingen um etwas mehr als ein Drittel zurück, Aktienkurse und Investitionen um 60 Prozent. 1932 lag das deutsche Volkseinkommen fast 40 Prozent unter dem von 1929. Im gleichen Zeitraum sank die Anzahl der Erwerbstätigen um ein Drittel, während die Zahl der Arbeitslosen (offizielle Statistik zuzüglich der Dunkelziffer) auf das Vierfache anstieg, also 37 Prozent aller gewerblichen Lohn- und Gehaltsempfänger erfasste. Die Jugend litt besonders unter der Arbeitslosigkeit. Vielen Schulabsolventen blieb der Eintritt ins Arbeitsleben überhaupt verwehrt: 1931 standen den 717.000 Volksschulabgängern nur 160.000 Lehrstellen zur Verfügung. Diese „demographische Überlastung des Arbeitsmarktes" mit den erstmals um Arbeit nachsuchenden geburtenstarken Jahrgängen potenzierte „die desaströsen Folgen der wirtschaftlichen Talfahrt zusätzlich" (Eberhard Kolb / Dirk Schumann).

Die Depression sorgte für eine allgemeine Katastrophenstimmung. Im Gefühl von Unsicherheit und Zukunftsangst schmolz das Vertrauen in die Politik, generell in die Demokratie. Mit der Wirtschaftskrise geriet die Republik von Weimar in ihre größte Bewährungsprobe. Sie sollte diese nicht bestehen.

scherl/SZ Photo 00040455

Ein Arbeitsloser protestiert in Berlin gegen die unzureichende Fürsorge, um 1932.

Der Sozialstaat in der Krise

Die schnell wechselnden Regierungen vollführten eine Politik der prozyklisch angelegten Deflationspolitik: Die dramatischen Einnahmeverluste suchten sie mit strikten Ausgabenkürzungen zu kompensieren, was letztlich zu drastischen Leistungskürzungen führte, die viele Bedürftige in existentielle Zwangslagen brachte. Es geht jedoch fehl, allein der Weltwirtschaftskrise die Schuld am Sozialabbau zuzuschieben. Vieles war – unabhängig von der wirtschaftlichen Situation – politisch gewollt. Denn die politischen Koordinaten verschoben sich mit den über Notverordnungen agierenden

Bundesarchiv, Bild 146–2004–0144, Joseph Schmidt

Das im März 1930 gebildete erste Kabinett von Reichskanzler Brüning, dieser 3. v. l. sitzend.

Präsidialkabinetten hin zu jenen Kräften, die einen Rückbau des Sozialstaates und Einschnitte im Sozialsystem anstreben. Die politischen Organisationen der Sozialstaatsgegner gewannen die Oberhand.

Die angesichts dieser dramatischen Entwicklungen im Sommer 1931 geäußerten Forderungen nach einer Wende in der Wirtschaftspolitik hin zu einem aktiven Beschäftigungsprogramm und zur Förderung privater Investitionen brachten Reichskanzler Brüning nicht vom Kurs ab. Brüning nahm die Verschärfung der Krise und damit die wachsende Not weiter Teile der Bevölkerung in Kauf. Er sah sich selbst kurz vor dem Ziel, als er Ende Mai 1932 zurücktreten musste, weil er das Vertrauen des Reichspräsidenten verloren hatte.

Das System der Präsidialregierung nahm noch strengere Formen an. Denn Brünings Nachfolger Franz von Papen, der konservative Herrenreiter und Totengräber der Republik, machte in seiner am 4. Juni 1932 über den Rundfunk ausgestrahlten Regierungserklärung deutlich, dass er die Nation von vermeintlichen Wucherungen des „Staatssozialismus" befreien werde. Er schritt zur Tat, setzte drastische Leistungskürzungen in allen Sozialversicherungsbereichen durch und führte bei der Arbeitslosenversicherung nun das Prinzip der Bedürftigkeit ein. Unter Papen erfolgte die endgültige Demontage der Arbeitslosenversicherung, kaschiert unter dem Titel „Notverordnung über Maßnahmen zur Erhaltung der Arbeitslosenhilfe und der Sozialversicherung sowie zur Erleichterung der Wohlfahrtslasten der Gemeinden" von Mitte Juni 1932. Das war nichts weniger als ein drastischer Abbau der Unterstützungsleistungen und der Dauer des Bezugs, die Erweiterung der Bedürftigkeitsprüfung und eine Verschärfung der Disziplinierungsmöglichkeiten über Pflichtarbeit. Nicht einmal mehr 10 Prozent der Arbeitslosen reichsweit kamen jetzt in den Genuss einer von der Reichsanstalt zu zahlenden Arbeitslosenunterstützung, die zudem noch geringer ausfallen sollte.

Nach nunmehr zwei Jahren Präsidialkabinette hatte sich das Los der Arbeitslosen dramatisch verschlechtert. Von Juni

AKG 5596335; © VG Bild-Kunst 2019

Karl Hofer „Arbeitslose", 1932. Öl auf Leinwand, 167 × 172 cm.

1930 bis Juni 1932 wurde die Unterstützung der Bezugsberechtigten in der Arbeitslosenversicherung gegenüber dem Stand von 1927 halbiert und die Bezugsdauer von den ursprünglich im Gesetz vorgesehenen 26 über zunächst 20 auf schließlich sechs Wochen gekürzt, so dass mit verschärfender Krise und Massenarbeitslosigkeit viele Arbeitslose zu Wohlfahrtsempfängern wurden. Der Kreis derer, die Ansprüche anmelden konnten, wurde stark begrenzt, was insbesondere Jugendliche und Ehefrauen betraf. Es kam zu dem Paradoxon, dass die Arbeitslosenversicherung 1932, dem Jahr der höchsten Erwerbslosigkeit, angesichts von drastischen Leistungskürzungen, der Ausklammerung bestimmter Gruppen und weiterhin hohen Beitragssätzen steigende finanzielle Überschüsse verzeichnete.

Das Verhältnis der Arbeitslosen, die Arbeitslosenunterstützung erhielten, zu den „Ausgesteuerten“, die Wohlfahrtsunterstützung bekamen, hatte sich von 3:1 im Januar 1931 zwei Jahre später ins Gegenteil verkehrt (1:3). Die nunmehr 2,4 Millionen Fürsorgeempfänger fielen den vor dem finanziellen Kollaps stehenden Kommunen zur Last. Die Unterstützungen reichten nicht aus; diese blieben unter dem Existenzminium. Die Folge war eine breite Schichten erfassende „verschleierte Hungersnot größten Ausmaßes“, wie ein Arzt feststellte.

Ein Blick auf die untere Ebene

Um die Wirkungen der „Höllenfahrt in den Abgrund“ (Hans-Ulrich Wehler) und der gegensteuernden Politik zu verdeutlichen, werfen wir einen Blick auf die unteren Ebenen, beispielhaft auf das preußische Verwaltungszentrum Kassel, die nordhessische Industriemetropole mit etwa 175.000 Einwohnern: Mit dem Inkrafttreten der Arbeitslosenversicherung erhielten 63,5 Prozent der ca. 13.000 Arbeitslosen 1927 die Hauptunterstützung und 31,8 Prozent Geld aus der Krisenfürsorge; 4,6 Prozent gehörten zu den ausgesteuerten Arbeitslosen, die von

Bundesarchiv, Bild 146-2003-002-22, Seiler

Arbeitslose verzehren auf einer Bank das von einer Volksküche erhaltene karge Mittagessen.

der Stadt Wohlfahrtsunterstützung bekamen. Mit zunehmender Arbeitslosigkeit erhöhte sich die Zahl der mit weit weniger Unterstützung bedachten Wohlfahrtsempfänger, woran sich die zunehmende Verelendung ablesen lässt.

	Hauptunterstützung	Krisenfürsorge	Wohlfahrt
1928	61,3 %	23,8 %	14,8 %
1929	57,4 %	18,6 %	28,8 %
1930	36,9 %	12,7 %	50,7 %
1932	8,9 %	20,0 %	71,0 %

(Zahlen extrahiert aus Lacher, Arbeit und Industrie in Kassel, S. 178; dort keine Angabe für 1931)

Das System der Arbeitslosenversicherung war zusammengebrochen, was mit einer enormen Erhöhung der Belastung der Kommunen als Finanzier der Hilfen für die Ausgemusterten verbunden war. Mehr noch: 1932 war in Kassel etwa ein Viertel der Arbeitslosen aufgrund fehlender Anwartschaften und neuer Gesetze ganz aus dem System der Arbeitslosenversicherung und der Wohlfahrt herausgefallen. Diese Ausgesteuerten waren nunmehr auf private und öffentliche Einrichtungen angewiesen.

Der zunehmenden Verelendung steuerten Kommunen und Länder entgegen. In Thüringen (wie auch in anderen Ländern) förderte das Landesarbeitsamt sogenannte „Wertschaffungsmaßnahmen“, die Anstellung von Arbeitslosen bei großen gemeinnützigen Projekten wie etwa Flussregulierungen. Das thüringische Gotha schien dabei ein „Musterbeispiel“ (Judy Slivi) zu sein, denn im Herbst 1932 beschäftigte der dortige Freiwillige Arbeitsdienst etwa 2.000 Arbeitslose, darunter eine hohe Zahl von Jugendlichen.

Ein Tropfen auf dem heißen Stein war dagegen die vom Weimarer Landtag 1929 beschlossene Winterhilfe in einer Gesamthöhe von 100.000 Reichsmark für die etwa 68.000 Arbeitslosen. Das ergab pro Kopf magere 1,47 Reichsmark. In Thüringen waren 1931 nur noch 60 Prozent der Industriearbeiter in Arbeit; dabei war die Zahl der Kurzarbeiter äußerst hoch.

Bundesarchiv, Bild 146-1987-027-01

Eine Ährenleserin in Deesbach (Thüringen), die aus aufgelesenen Resten noch irgendetwas Essbares machen will, 1932.

1932/33 fielen im Reich über die Hälfte der Arbeitslosen, die aus der Arbeitslosenversicherung nicht mehr bedachten „Wohlfahrtserwerbslosen“, nun in die Krisenfürsorge der Kommunen, und zwar endgültig und unbefristet. Angesichts knapper Kassen wurden die auf der unteren Ebene gezahlten Leistungssätze stetig gekürzt. Die mit einer unter dem Existenzminium liegenden Unterstützung bedachten Arbeitslosen fristeten mit ihren Familien ein Dasein in Armut.

Im thüringischen Gotha erhielt 1932 die Hälfte der nicht ganz 50.000 Einwohner in irgendeiner Form staatliche Unterstützung. Im November 1932 standen 2.500 Wohlfahrtsempfänger vier Stunden Schlange vor dem Rathaus an, um ihre karge Beihilfe abzuholen. Anfang 1932 registrierte das Arbeitsamt der Stadt 13.390 Arbeitssuchende. Angesichts der geringen Leistungen war der Bedürftige auf Zuwendungen von Hilfsorganisationen angewiesen. Lebten 82 Gothaer im August

1928 gänzlich ohne öffentliche Unterstützung, so waren es zum Jahresende 1932 mit 860 mehr als zehnmal so viele. Als „Ortsarme“ galten 1930 252 Gothaer, 1931 375 und 1932 als Höchstzahl in der Weimarer Zeit 521. Die in Not Geratenen erhielten Naturalien und mussten sich mitunter entwürdigenden Bedürftigkeitsprüfungen unterziehen. Die Kommunen wandten strenge Kontrollmechanismen an, wobei auch Sozialfahnder zum Einsatz kamen. Es konnte nicht ausbleiben, dass die „fortgesetzte Vernichtung der sozialen Sicherung im Rahmen der allgemeinen Krisenpolitik“ (Volker Hentschel) zu sozialem Protest führte, der in Unruhen ausartete und von den Demokratiegegnern ausgenutzt wurde.

Die Krise als Beschleuniger der politischen Radikalisierung

Wegen der massiven Einschnitte in der Sozialpolitik überstand der Weimarer Sozialstaat nur schwerbeschädigt die Wirtschaftskrise. Dabei wurde der „Schutzmantel der deutschen Sozialpolitik“ deutlich „kürzer und dünner [...] als in etlichen westeuropäischen Demokratien“ (Manfred G. Schmidt). Die Einschnitte in das Sozialsystem waren also in Deutschland unter der Herrschaft der Präsidialkabinette viel gravierender als in den Nachbarländern, in denen die Demokratie weiter lebensfähig blieb. Der Sozialstaat, wohl die prägendste Errungenschaft der 1918/19 aus der Taufe gehobenen Republik, wurde nunmehr von denen, die seiner bedurften, nicht mehr als das zuverlässige, ein menschenwürdiges Dasein sicherndes Fundament eines demokratischen Hauses wahrgenommen. Verunsichert und von Existenzängsten geschüttelt, suchten sie nach anderen Heilsbringern jenseits der republikanischen Mitte. Davon sollte insbesondere Hitler profitieren.

Hitlers braune Protestbewegung kam die politische und wirtschaftliche Krise zugute, die mit einer abnehmenden Akzeptanz der Republik einherging. Der Durchbruch der antirepublikanischen NSDAP von der Splitterpartei (Reichstagswahl 1928: 2,6 Prozent) zur Massenpartei war mit den Wahlen vom September 1930 (18,3 Prozent) deutlich geworden. Ihr Wählerreservoir bestand aus einem hohen Prozentsatz aus vormaligen Nichtwählern; der Zuwachs an der Urne speiste sich aber auch aus etwa gleich hohen Anteilen an enttäuschten Wählern der sozialistischen, der liberalen als auch der deutschnationalen Parteien. Zudem tendierten Beamte im Vergleich zur

Bundesarchiv, Plakat 002-042-155

NSDAP-Plakat zur Reichstagswahl, 1932.

Restbevölkerung überproportional zur NSDAP. Doch entgegen der mitunter mit dem Eingangsbild von Walter Ballhause verknüpften Interpretation, dass die Arbeitslosen mehrheitlich die NSDAP gewählt hätten und in Scharen Hitler gefolgt wären, entschied sich „der Arbeitslose" an der Wahlurne doch eher für die linksradikale KPD. Die der russischen Bolschewiki treue KPD wuchs, aber bei weitem nicht in dem hohen Maße wie die NSDAP: von 10,6 Prozent 1928 über 14,3 (Juli 1932) bis auf 16,9 Prozent bei der letzten demokratischen Wahl der Republik im November 1932. Kometenhafter war der Aufstieg der NSDAP, denn für die Enttäuschten und Benachteiligten galt, was die Partei zur Reichstagswahl im Juli 1932 plakatierte: „Unsere letzte Hoffnung: Hitler". Bei den Reichstagswahlen im Juli und November 1932 entschied sich ein Drittel der Wähler für die NSDAP (37,3 bzw. 33,1 Prozent).

Eigentlich hatte Deutschland die Talsohle der Krise im Sommer 1932 durchschritten. Doch politisch wirkte es sich nicht mehr aus. Der Weg führte bereits in die Diktatur, gefördert von den antidemokratischen Akteuren in den Schaltzentralen der Macht, die die Republik leichtfertig preisgaben und mithalfen zu zerstören. Auch in anderen Ländern erlebten antiparlamentarische Kräfte Zulauf. In Österreich, wo die Arbeitslosigkeit im Februar 1933 ihren Zenit erreichte, kam es im März des Jahres durch den bürgerlichen Regierungschef Engelbert Dollfuß zu einem Staatsstreich und der Außerkraftsetzung des parlamentarischen Systems.

In den USA dauerte die Krise länger, konnte mit dem nahezu diktatorisch umgesetzten „New Deal" von Präsident Franklin D. Roosevelt abgefedert und schließlich kurz vor dem Krieg überwunden werden. Das politische System blieb intakt und wurde nicht wie teilweise auf dem europäischen Kontinent destabilisiert oder von rechtsextremen Bewegungen verbogen oder unterminiert. Den radikalsten politischen Schnitt erlebte Deutschland im Januar 1933 mit der Machtübertragung auf Adolf Hitler. Die dann von den Nationalsozialisten forcierte Aufrüstung war wesentlich verantwortlich dafür, dass es in

Deutschland wirtschaftlich wieder aufwärts ging (Erreichung der Vollbeschäftigung 1936/37) als in den meisten europäischen Nachbarstaaten, die erst Mitte der 1930er Jahre eine allmähliche ökonomische Stabilisierung erlebten. Frankreich etwa befand sich, von innenpolitischen Spannungen und latenten wirtschaftlichen Strukturproblemen geschüttelt, in einer Zerreißprobe, ohne aber den Schritt in die Diktatur zu vollziehen. Die Weltwirtschaftskrise, die in Deutschland zwar kürzer, aber umso tiefer als in den Nachbarstaaten gewesen war, hatte direkt zum Untergang der Weimarer Republik und zur Diktatur der Braunhemden beigetragen.

Bundesarchiv, Bild 102-13324; Foto: Georg Pahl

Die Massen in Bewegung beim Wahlkampfauftakt der NSDAP zur Reichspräsidentenwahl 1932 im Berliner Lustgarten: Adolf Hitler wird sprechen.

Literatur

Ballhause, Walter / Becher, Johannes R: Überflüssige Menschen. Fotografien aus der Zeit der großen Krise, Leipzig 1932

Ballhause, Walter: Zwischen Weimar und Hitler. Sozialdemokratische Fotografie 1930–1933, München 1981

Blaich, Fritz: Der Schwarze Freitag. Inflation und Wirtschaftskrise, München 1985

Böstrom, Jörg: Arbeitslos. Die Wirtschaftskrise 1932 in den Fotografien Walter Ballhauses, in: Gerhard Paul (Hrsg.): Das Jahrhundert der Bilder 1900 bis 1949, Göttingen 2009, S. 404–411

Frerich, Johannes / Frey, Martin: Handbuch der Geschichte der Sozialpolitik in Deutschland, Bd. 1: Von der vorindustriellen Zeit bis zum Ende des Dritten Reiches, München 1996

Hentschel, Volker: Geschichte der deutschen Sozialpolitik 1880–1980, Frankfurt a. M. 1983

Hesse, Jan-Otmar / Köster, Roman / Plumpe, Werner: Die Große Depression. Die Wirtschaftskrise 1929–1939, Frankfurt a. M. 2014

Kolb, Eberhard / Schumann, Dirk: Die Weimarer Republik, 8. Aufl. München 2013

Lacher, Michael: Arbeit und Industrie in Kassel. Zur Industrie- und Sozialgeschichte Kassels von 1914 bis heute, Marburg 2018

Mühlhausen, Walter: Das Weimar-Experiment. Die erste deutsche Demokratie 1918–1933, Bonn 2019

Plumpe, Werner: Wirtschaftskrisen. Geschichte und Gegenwart, 3. Aufl. München 2012

Schmidt, Manfred G.: Der deutsche Sozialstaat. Geschichte und Gegenwart, München 2012

Schönhoven, Klaus / Mühlhausen, Walter (Hrsg.): Der deutsche Sozialstaat im 20. Jahrhundert. Weimarer Republik, DDR und Bundesrepublik Deutschland im Vergleich, Bonn 2012

Slivi, Judy: Gotha 1918 bis 1933. Stadt der Gegensätze, Bad Langensalza 2015

Wehler, Hans-Ulrich: Deutsche Gesellschaftsgeschichte. Vierter Band: Vom Beginn des Ersten Weltkriegs bis zur Gründung der beiden deutschen Staaten 1914–1949, 2. Aufl. München 2003

Winkler, Heinrich August: Weimar 1918–1933. Die Geschichte der ersten deutschen Demokratie, Neuausgabe München 2018

Zingel, Bernd: „Notwendige Kontrolle...“. Geschichte des Arbeitsamts Hannover und seiner Vorläufer 1918 bis 1933, Neustadt 1994